Nur zwei Schildkröten haben dasselbe Muster
auf ihrem Panzer.
Welche sind es?

1

Kurt möchte nach Hause. Doch nur ein Weg führt in sicherer
Entfernung an den hungrigen Mäulern vorbei.
Welchen Weg muss er nehmen?

2

Was hat den kleinen Elefanten so fürchterlich erschreckt?
Verbinde die Zahlen 1–46,
dann weißt du es.

In der Tiefsee herrscht großes Gedränge.
Wie viele der Fische schwimmen nach links,
wie viele nach rechts?

Der kleine Igel hat einen wundervollen Traum.
Wenn du die Zahlen von 1–47 miteinander verbindest,
findest du heraus, wovon er träumt.

5

Jede Karte gibt es doppelt. Doch eine ist verloren gegangen.
Zeichne das fehlende Bild ein.

Hier siehst du verschiedene Spuren im Sand.
Welches Tier hat welche Spuren gemacht?

Bär, Wolf und Fuchs wollen sich ein leckeres Mittagessen angeln. Doch nur einer fängt den Fisch. Wer ist es?

Der Igel ist auf eine Geburtstagsparty eingeladen.
Lies das Wort im Kasten von oben nach unten.
Dann erfährst du, wer feiert.

Vier Tiere ziehen bei Nacht und Nebel durch die Stadt.
Erkennst du die Schatten?

10

Der Lehrer in der Hasenschule hat sich vertan, denn eines
der Tiere auf der Tafel beginnt nicht mit H. Welches?

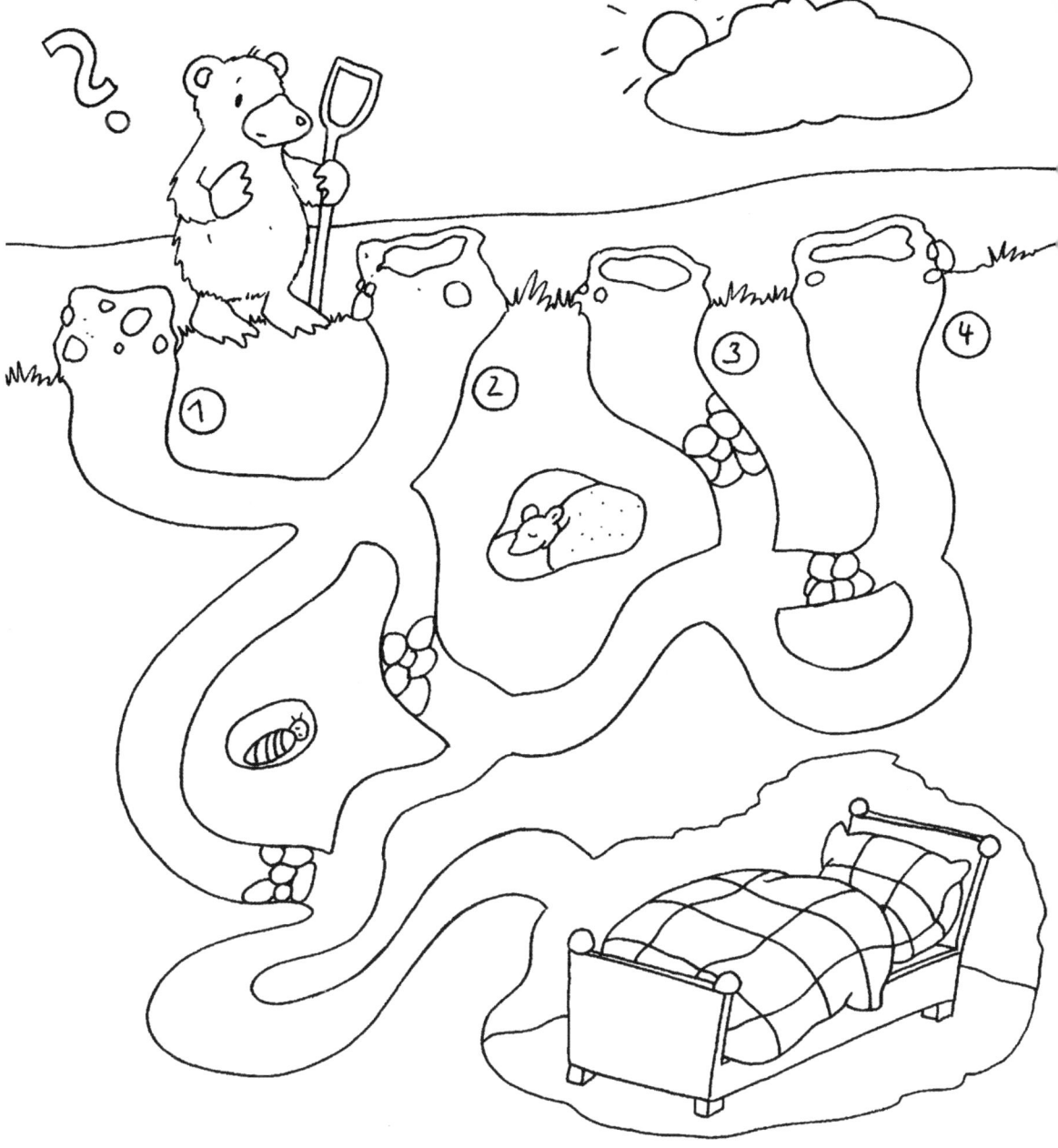

Der Maulwurf hat so eifrig gegraben, dass er vergessen hat,
welcher Weg zu seiner Wohnung führt.
Kannst du ihm helfen?

Der Großwildjäger hat das obere Foto auf einer Safari gemacht. Doch auf dem Abzug für seine Freunde sind zehn Fehler. Kreise sie ein.

Diese Tiere mögen's bunt!
Welches Muster gehört zu welchem Tier?

14

Friedlich schlafen die Tiere im, am und auf dem Baum.
Wie viele sind es?

15

Das Bild mit dem Affen wurde in der Dämmerung
aufgenommen. Leider sieht man nur die Umrisse.
Welcher Affe wurde fotografiert?

Die Pinguine wollen auf eine Feier und haben sich hübsch gemacht. Zwei der Pinguine haben die gleiche Schleife um. Male sie aus.

A   B   C

Fips und Matz ziehen um. In der Aufregung haben sie einen
der abgebildeten Gegenstände in der alten Wohnung
liegen gelassen. Welchen?

18

Was versteckt sich hier? Male alle Felder, die mit einem Dreieck gekennzeichnet sind, mit deiner Lieblingsfarbe aus! Dann erfährst du es.

19

Alarm im Hühnerstall. Berta hat ihr Ei mit
den einfachen Streifen verloren.
Findest du es?

20

Die Tiefseebewohner sind nicht gerade begeistert von ihrem neuen Nachbarn. Willst du erfahren, wer eingezogen ist? Dann verbinde die Punkte von 1–104.

Damit Bösewichte es nicht so leicht haben, verstecken die
Mäuse den Weg zum Dorf in einem Labyrinth.
Findest du den richtigen Weg?

Die Zugvögel machen sich auf den Weg in den Süden. Doch irgendwie sind sie sich über die Richtung nicht einig. Wie viele fliegen nach rechts, wie viele nach links?

Dachs, Hase und Bär haben beim Waldspaziergang
etwas Schönes gefunden. Finde heraus,
wer was mit nach Hause genommen hat.

Auf dem Hinweg in die Stadt kommt Milli bei all ihren
Mäusefreundinnen vorbei, auf dem Rückweg
besucht sie alle Froschfreunde.
Welchen Weg nimmt sie?

25

Eisbär Erich war noch nie in der Südsee.
Deshalb hat er auch einige Dinge in den Koffer gepackt,
die er am Strand gar nicht braucht.
Welche sind es?

Igel und Maulwurf spielen „Reimen". Welche Karten gehören
zusammen? Und welches Tier passt in die leere Karte?
Zeichne es hinein.

27

Der kleine Kauz hat sich nicht weit von seinem Zuhause entfernt. Wo wohnt er? Lies das Lösungswort von oben nach unten! Dann weißt du es.

Wer plantscht denn da im Wasser?
Verbinde die Punkte von 1–61.

29

Kater Kralle hat einen fürchterlichen Alptraum. Die Mäuse
ärgern ihn und er kann sich nicht wehren.
Wie viele sind es?

Familie Hase verschickt ihre Osterpost. Doch nicht alle Postkarten sind genau gleich. Findest du die acht Unterschiede auf der zweiten Postkarte? Kreise sie ein.

Der Fotograf dieser Gartenparty hat
komische Aufnahmen gemacht.
Kannst du die Ausschnitte im Bild wieder finden?

Oh Schreck, dieser Schuss war ein Volltreffer! Doch zum
Glück kann man die Scheibe reparieren.
Welche Scherbe passt?

In jeder Spalte steckt ein Tier, das dort nicht hineinpasst.
Male das Tier jeweils aus.

34

Willst du wissen, was Fips so erschreckt hat? Dann verbinde
die Symbole in derselben Reihenfolge wie in der Symbolleiste
angegeben. Beginne beim schwarzen Stern.

Mizzi hat Balthasar zum Essen eingeladen. Dieser bringt eine
Blume und noch ein Geschenk mit. Ist es der Liebesbrief,
die Fischgräte oder der Mäusenachtisch?

Hoch her geht's in der Mäuseküche. Doch in ihrem Eifer
haben die Mäuse eine Zutat für ihre Nudeln mit
Tomatensoße vergessen. Welche?

Kennst du schon die Reihenfolge im Abc? Ergänze die fehlenden Buchstaben. Die Tiere helfen dir.

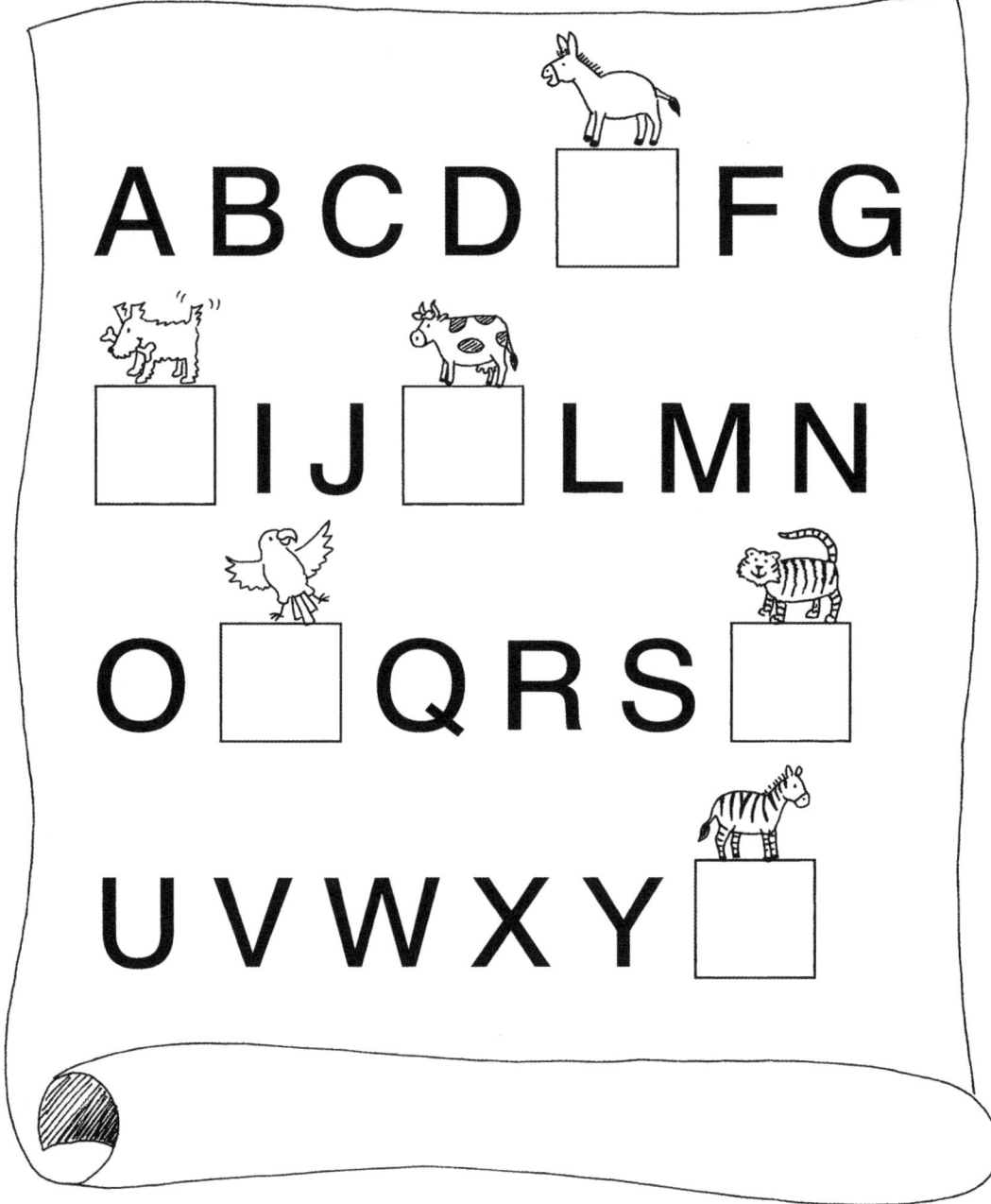

A B C D ☐ F G

☐ I J ☐ L M N

O ☐ Q R S ☐

U V W X Y ☐

Spure die Buchstaben nach, und probiere es dann selbst.

An welcher Stelle hörst du ein A/a?
Vorn, hinten oder in der Mitte?
Kreuze an. Achtung, manchmal gibt es zwei A/a!

Lies genau, und verbinde das passende Bild mit dem Text.

Max ist traurig.

Max lacht.

Max liegt im Bett.

Max sitzt auf dem Sofa.

KLICK

41

Weißt du, wie diese Tiere heißen?
Suche das richtige Namensschild, und male es an.

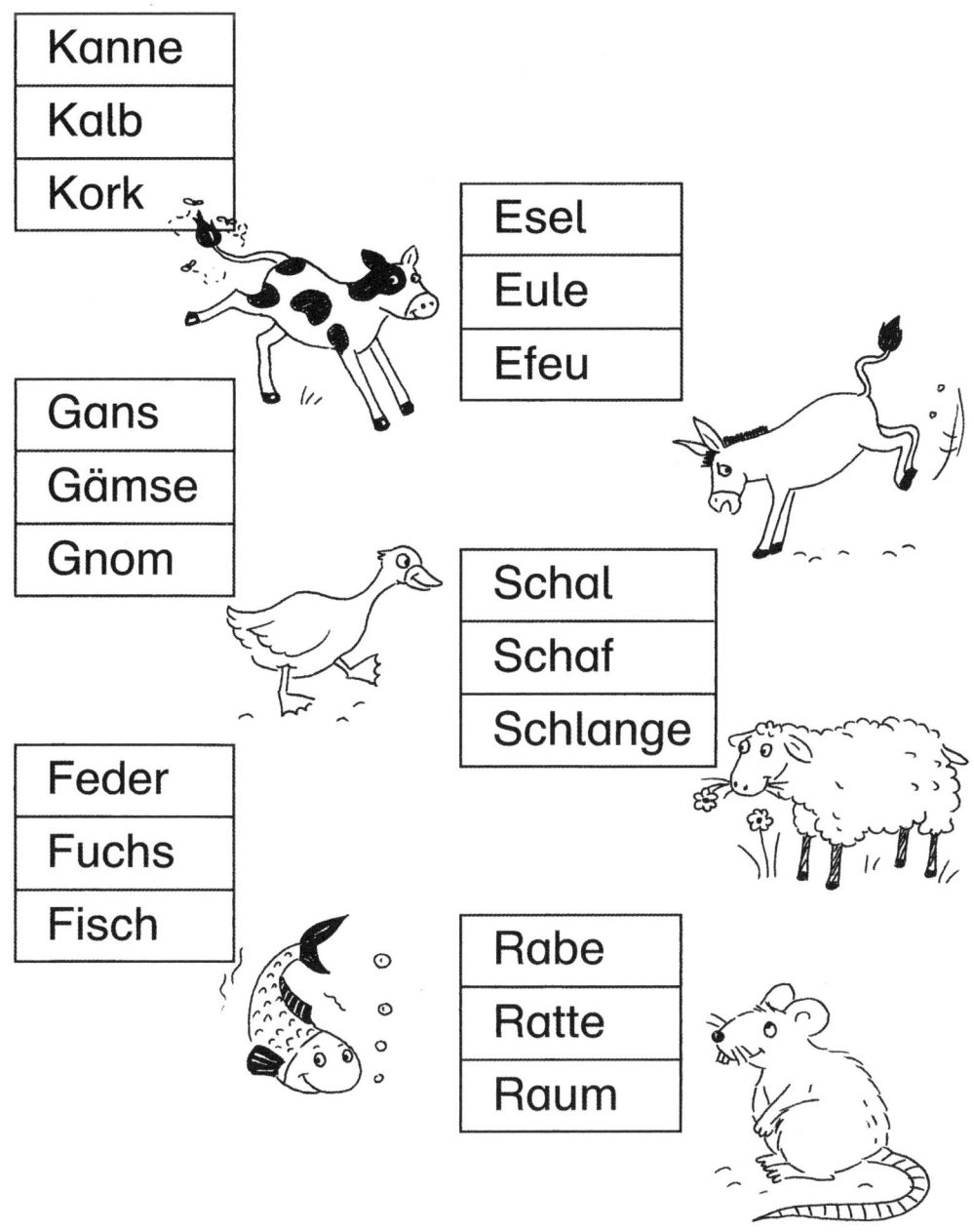

Kanne
Kalb
Kork

Esel
Eule
Efeu

Gans
Gämse
Gnom

Schal
Schaf
Schlange

Feder
Fuchs
Fisch

Rabe
Ratte
Raum

Wie enden die Wörter?
Sprich laut, und kreuze die richtige Wortendung an.

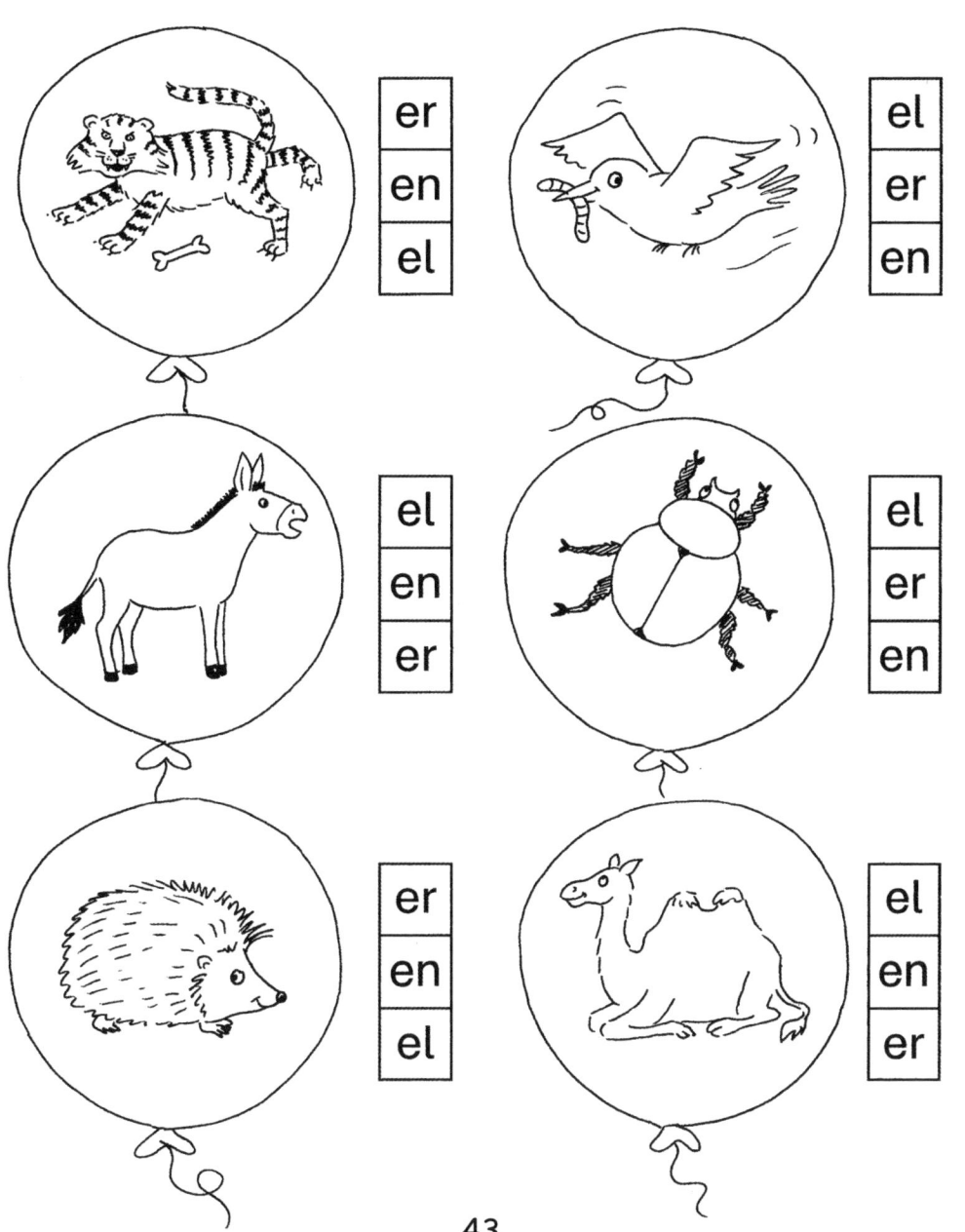

Spure die Buchstaben nach, und schreibe sie dann selbst.

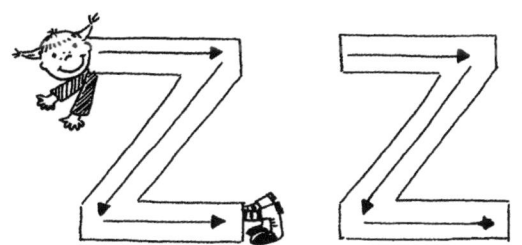

Z

S

Y

Womit beginnt das Wort?
Kreuze die richtigen Buchstaben an.

| Be |
| Bi |
| Ba |
| Bo |

| Ot |
| Ol |
| Om |
| Or |

| Ap |
| Af |
| As |
| An |

| El |
| Et |
| Er |
| Em |

| Ku |
| Kr |
| Ki |
| Ka |

| Pf |
| Pa |
| Pr |
| Pl |

45

Mit welchem Buchstaben beginnen die Namen dieser Dinge? Schreibe sie in die Kästchen. Von oben nach unten gelesen, erhältst du zwei Lösungswörter.

und

Wem gehören welche Hefte?
Male die Hefte mit diesen Farben aus:

Wo hörst du ein G/g?
Male die Bilder mit G/g bunt aus.

Was gibt es zum Nachtisch?
Spure die Buchstaben nach. Verbinde das passende
Bild mit dem Wort.

Eis

Obst

Kekse

Kuchen

Was magst du davon am liebsten?

Schreibe auf:

Womit schreiben die Kinder am liebsten?
Ergänze das fehlende Wort.

Tina schreibt
mit dem

_____

Leo schreibt
mit dem

_____

Anna schreibt
gerne mit

_____

Erkennst du diese Blumen?
Löse das Bildrätsel, und schreibe den Namen auf.
Vorsicht, eine Blume gibt es nur in der Fantasie!

Was trinken die Wasserratten?
Schreibe die Purzelwörter richtig auf.

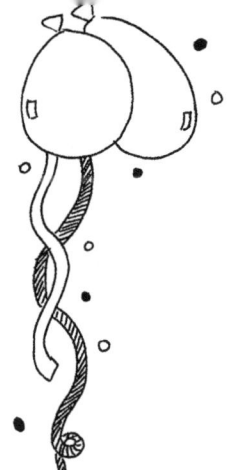

Auf zum Kostümball

Lies genau, und verbinde
zum richtigen Bild.
Schreibe den Namen
des Kindes auf.

Hanno geht als Seeräuber.

Sandra ist Indianerin.

Eva tanzt als Maus umher.

Sven ist ein Zauberer.

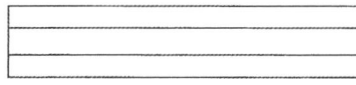

Frida hat heute Geburtstag. Sie wird 400 Jahre alt!
Ihre Geschenke sind in buntes Papier gewickelt.
Wie viele Pakete zählst du von jedem Muster?

Kaum ist Schorschi von Schnorch eingeschlafen,
kommen die Schlossmäuse aus ihren Verstecken.
Wie viele findest du?

Auf dem großen Gespensterkongress wurde ein Gruppenfoto
gemacht. Auch Mizzi ist darauf zu sehen.
Entdeckst du sie?

Bei den Schlossmäusen geht es drunter und drüber.
Alle sind unterschiedlich angezogen.
Oder doch nicht? Trage die Zahlen ein.

57

Toni und Till backen eine Gespenstertorte. Welche der unten abgebildeten Zutaten haben sie vergessen?

Nach einem Ausflug in die Stadt hat Kuno sich verlaufen.
Wie findet er wieder in den Gespensterwald zurück?

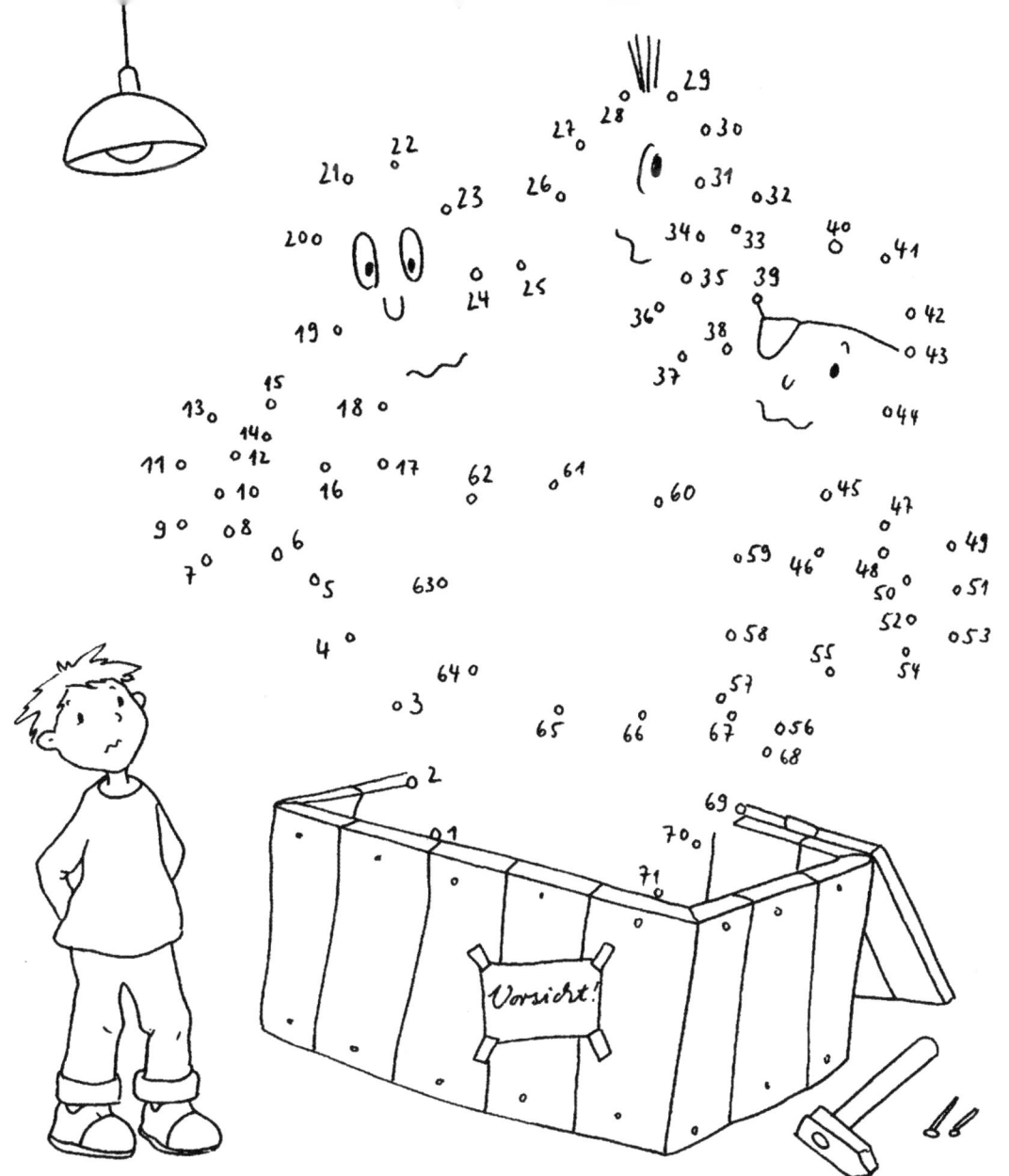

Oje, die Kiste sollte Benni wohl besser wieder schließen!
Wer in der Kiste wohnt, erfährst du, wenn du
die Punkte von 1–71 miteinander verbindest.

Gesine Gräuel fährt in die Sommerferien.
Welchen Gegenstand wird sie am Strand nicht brauchen?

61

Die Burg hat einen neuen Besitzer. Löse das Bilderrätsel
und die dick umrahmten Kästchen verraten dir,
wer hier eingezogen ist.

Der Geist im Sessel hat sich unsichtbar gemacht.
Finde heraus, welcher es ist.

Beim Herumpoltern haben die Poltergeister den großen
Spiegel zerbrochen. Mit welcher Scherbe kann man
den Spiegel wieder reparieren?

Schludi von Schlunz bringt Ordnung in seine Kleidertruhe.
Überrascht stellt er fest, dass er einige
Kleidungsstücke doppelt hat. Welche?

Jeweils zwei der abgebildeten Begriffe reimen sich.
Verbinde sie mit einer Linie.

Ein Tourist hat sich im Gespensterschloss verirrt.
Findest du den Weg zum Ausgang?
Beginne beim oberen Pfeil.

Schlotterhannes kann nicht einschlafen. Was hat ihn so erschreckt? Wenn du die Punkte von 1–38 miteinander verbindest, erfährst du es.

Bibi Bibber lädt zum Tee ein.
Welcher der drei Gegenstände ist nicht im Bild zu sehen?

69

Welches Transportmittel gehört zu welchem Gespenst?

70

Die Gespensterburg bei Tag und bei Nacht.
Wie viele Veränderungen findest du?

71

Heute Nacht ist ein großes Treffen im Fledermausturm.
Wie viele Fledermäuse zählst du?

72

Vampirgeplauder am Telefon. Aber nur zwei Vampire
sind tatsächlich miteinander verbunden.
Welche sind es?

Der Partyfotograf hat seltsame Fotos gemacht.
Kannst du die Ausschnitte im Bild wieder finden?

Es ist Herbst im Gespensterwald. Wie viele
verschiedene Blätter findest du jeweils?
Trage die Zahlen in die Kästchen ein.

75

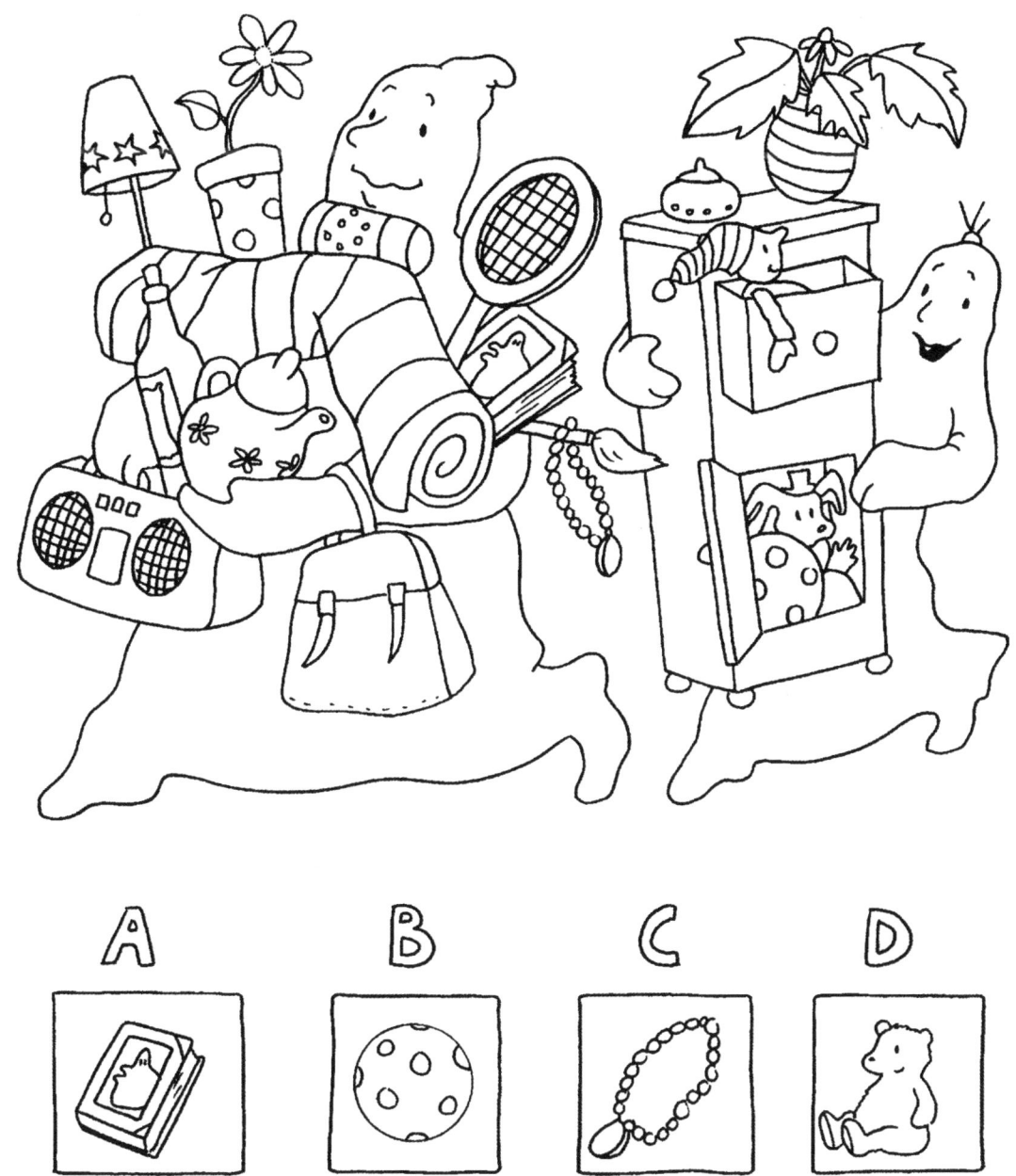

A   B   C   D

Frido und Fritzi ziehen um.
Welchen Gegenstand haben sie unterwegs verloren?

76

Im Schloss ist ein Zimmer frei.
Verbinde die Zahlen von 1–76!
Dann erfährst du, wer hier einzieht.

77

Bilbo ist auf dem Weg zu seiner Liebsten.
Was bringt er ihr mit?

Endlich ist es Mitternacht. Die Gespenster dürfen
jetzt herumspuken. Wie viele sind es?

Bei der Kopie des Familienporträts sind dem Meister im
unteren Bild zehn Fehler unterlaufen. Kreise sie ein.

Gespensterpolonäse im Ballsaal.
Dabei ist eine Vase zu Bruch gegangen.
Findest du die passende Scherbe?

Timmis Weg zur Schule führt durch den Gespensterwald.
Nur ein Weg ist ohne Hindernisse. Findest du ihn?

82

Auch Gespenster haben manchmal Hunger.
Aber nur eines findet den leckeren Braten.
Welches?

Graf Zock schummelt beim Gespensterpoker.
Welche Karte kommt dreimal vor?

Der Schlosskater hat wirklich ganze Arbeit geleistet.
Nur eine Maus ist ihm entwischt.
Wo hat sie sich versteckt?

Heute ist Gespensterparty auf der Burg.
Doch nur ein Weg führt die Gäste dort hin.
Welcher ist es?

Mitternacht im Gespensterschloss.
Welcher Schatten gehört zu welchem Partygast?

Wen hat Lilli da bloß aus der Flasche gelassen?
Wenn du die Zahlen von 1–68 miteinander verbindest,
erfährst du es.

Gesine Gräuel hat ihre Urlaubspost bereits erledigt.
Wer bekommt welche Karte?

Nach einer langen Spuknacht ist der Vampir müde.
Löse das Bilderrätsel und du erfährst,
wohin er sich zum Schlafen legt.

90

Lösungen

Seite 1:
Die Schildkröte mit der Brille und die mit dem Hut.

Seite 2:
Weg B.

Seite 3:
Eine Maus.

Seite 4:
Zehn schwimmen nach links, elf schwimmen nach rechts.

Seite 5:
Er träumt von einem Apfel.

Seite 6:
Die Maus fehlt.

Seite 7:
A4, B1, C2, D3.

Seite 8:
Der Fuchs.

Seite 9:
Der BAER feiert.

Seite 10:
1B, 2C, 3D, 4A.

Seite 11:
Nummer 3, der Schmetterling.

Seite 12:
Der Weg Nr. 4 ist richtig.

Seite 13:

Seite 14:
1D, 2C, 3A, 4B.

Seite 15:
17 Tiere.

Seite 16:
Affe Nr. 1.

Seite 17:
Weiße Fliege mit Kreisen.

Lösungen

Seite 18:
Gegenstand C, die Armbanduhr.

Seite 19:
Ein Hund versteckt sich hier.

Seite 20:
Das Ei ist hinter das zweite
Nest von links gerollt.

Seite 21:
Eine Krake ist eingezogen.

Seite 22:
Weg Nr. 2 ist richtig.

Seite 23:
Nach rechts: neun; nach links:
sieben.

Seite 24:
Dachs und Feder; Hase und Ball;
Bär und Stift.

Seite 25:

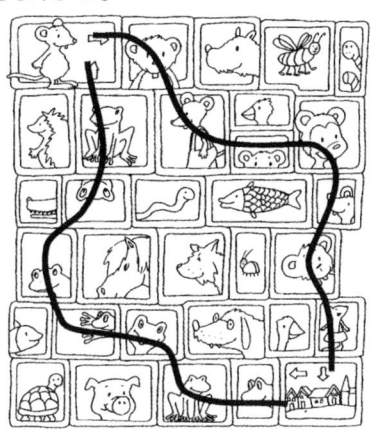

Seite 26:
Die Pudelmütze,
die Ohrwärmer,
den Schlittschuh.

Seite 27:
1 C, 2 A, 3 B,
ein Pferd passt in die leere
Karte.

Seite 28:
Im Nest.

Seite 29:
Ein Elefant wäscht sich.

Lösungen

Seite 30:
15

Seite 31:

Seite 32:

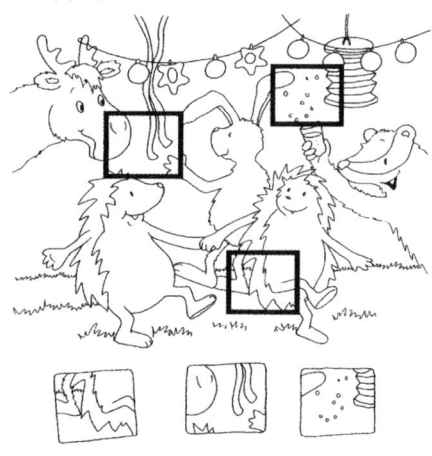

Seite 33:
Scherbe C.

Seite 34:
Der Schmetterling und der Elefant.

Seite 35:
Ein Drache hat ihn so erschreckt.

Seite 36:
Er bringt den Liebesbrief mit.

Seite 37:
Nr. 2, die Sahne.

Lösungen

Seite 54:
Zweimal Herzmuster, viermal Quadratmuster, fünfmal Kreismuster.

Seite 55:
Es sind 17 Mäuse.

Seite 56:
Sie hat auf dem Foto den Hund auf dem Arm.

Seite 57:
Sechs Mäuse tragen eine Hose, fünf einen Rock und vier sind gar nicht angezogen.

Seite 58:
Sie haben die Milch vergessen.

Seite 59:

Seite 60:
In der Kiste wohnen drei Gespenster.

Seite 61:
Die Kerze.

Seite 62:
Ein Geist.

Seite 63:
Geist Nr. 1.

Seite 64:
Mit Scherbe Nr. 3.

Seite 65:
Schludi von Schlunz besitzt zwei Herz-T-Shirts, zwei Mützen und zwei Socken ohne Muster.

Seite 66:
1 und 6, 2 und 3, 5 und 7, 4 und 8.

Lösungen

Seite 67:

Seite 68:
Die Sonne.

Seite 69:
Die Gabel (B) fehlt.

Seite 70:
1D, 2C, 3A, 4B.

Seite 71:
10

Seite 72:
Es sind 18 Fledermäuse.

Seite 73:
Vampir 1 und 2.

Seite 74:

Seite 75:
11, 9, 13

Seite 76:
Sie haben den Teddy (D)
verloren.

Seite 77:
Ein Drache zieht ein.

Seite 78:
Eine Rose.

Seite 79:
Es sind 20 Gespenster.

Lösungen

Seite 80:

Seite 81:
Scherbe C passt.

Seite 82:

Seite 83:
Gespenst A.

Seite 84:
Die Fledermauskarte.

Seite 85:
Die Maus hat sich im Bett
versteckt.

Seite 86:
Weg 2 führt zur Burg.

Seite 87:
1D, 2C, 3A, 4B.

Seite 88:
Es ist ein Vampir.

Seite 89:
1C, 2B, 3A.

Seite 90:
Er legt sich in die Truhe.